JIMMY

et les couleurs

MARYAM AGUENAGAY

Jimmy et les couleurs

Texte et illustration
Maryam Aguenagay

Jimmy change de couleur
tout en s' amusant avec
ses amis les couleurs.

Jimmy devient Jaune comme la banane et le soleil.

Rose

Tasse

Tasse

Citron

Jimmy devient bleu comme son ami Kevan.

Trouves les objets en bleu

Téléphone

Bouteille

Arrosoir

Rose

Jimmy devient orange comme une orange .

Citrouille

Carottes

Parapluie

Arrosoir

Jimmy devient rouge comme une fraise .

Manteau

Cœur

Carotte

Rose

Jimmy devient rose comme son amie Bella .

Trouves les objets en rose

Cochon

Lunettes

Carotte

Flamant rose

Jimmy devient vert comme une feuille d'arbre .

Trouves les objets en vert

Téléphone

Pomme

Petits pois

Sapin

Jimmy devient gris comme oncle Sait-tous .

Trouves les objets en gris

Chaise

Perroquet

T- shirt

Bouteille

Jimmy devient violet comme son ami Devan .

Trouves les objets en gris

Figues

Prunes

Cadeau

Perroquet

Jimmy devient multicolore comme son ami Jayden

Trouves les objets multicolore

Arc en ciel

Crayons

Rose

Parapluie

www.ingramcontent.com/pod-product-compliance
Lightning Source LLC
Chambersburg PA
CBHW042133110726
48006CB00003B/867